# ABC
# DAS VIRTUDES

Vida KIDS

Vida
Editora Vida
Rua Conde de Sarzedas, 246 – Liberdade
CEP 01512-070 – São Paulo, SP
Tel.: 0 xx 11 2618 7000
atendimento@editoravida.com.br
www.editoravida.com.br
@editora_vida /editoravida

ABC DAS VIRTUDES


Exceto em caso de indicação em contrário, todas as citações bíblicas foram extraídas da Nova Versão Internacional (NVI) ©1993, 2000, 2011 by International Bible Society, edição publicada por Editora Vida. Todos os direitos reservados.

Todas as citações bíblicas e de terceiros foram adaptadas segundo o Acordo Ortográfico da Língua Portuguesa, assinado em 1990, em vigor desde janeiro de 2009.

As opiniões expressas nesta obra refletem o ponto de vista de seus autores e não são necessariamente equivalentes às da Editora Vida ou de sua equipe editorial.

Os nomes das pessoas citadas na obra foram alterados nos casos em que poderia surgir alguma situação embaraçosa.

Todos os grifos são do autor, exceto os indicados.

Direção: Renan Menezes
Editora-chefe: Sarah Lucchini
Gestora Vida Kids: Vitoria Reis
Coordenadora de projetos Vida Kids: Daniela Teles
Editora responsável: Renata Guimarães
Assistente editorial: Larissa da Mata
Coordenadora de design gráfico: Claudia Fatel Lino
Projeto gráfico: Willians Rentz e Luciana Leite
Diagramação: Willians Rentz
Ilustração: Luciana Leite
Capa: Vanessa S. Marine

**1. edição:** jun. 2025

Dados Internacionais de Catalogação na Publicação (CIP)
(Câmara Brasileira do Livro, SP, Brasil)

Vida Kids, Equipe
ABC das virtudes / Equipe Vida Kids. – São Paulo : Editora Vida, 2025.

ISBN 978-65-5584-756-7

1. Virtudes - Literatura infantojuvenil I. Título.

25-273828 CDD-028.5

**Índice para catálogo sistemático:**

1. Virtudes : Literatura infantil 028.5
2. Virtudes : Literatura infantojuvenil 028.5

Cibele Maria Dias - Bibliotecária - CRB-8/9427

Esta obra foi composta em *Roca* e impressa por Gráfica Expressão e Arte sobre papel *Couche Fosco* 150 g/m² para Editora Vida.

*"A instrução para treinar uma criança no caminho que ela deve seguir tem dimensões enormes (Provérbios 22.6). É ensinar uma criança a pensar, influenciar o caráter, dar altos ideais e incentivar a integridade. É para proporcionar grandeza de pensamento, pensamento criativo, maravilhas imaginativas. Quão grandes são seus objetivos para seus filhos? Por que ter um mundo pequeno quando você pode caminhar com Deus para o lugar maior onde ele domina?"*

GLADYS HUNT E MARK HUNT

Honey for a Child's Heart: The Imaginative Use of Books in Family Life

# A

# Amor para se entregar

"Porque Deus tanto amou o mundo que deu o seu Filho Unigênito, para que todo o que nele crer não pereça, mas tenha a vida eterna."

(João 3.16)

# Bondade para ajudar o próximo

> "Quem faz o bem aos outros, a si mesmo o faz; o homem cruel causa o seu próprio mal."
>
> (Provérbios 11.17)

# B

# Coragem para enfrentar desafios

“Não fui eu que lhe ordenei? Seja forte e corajoso! Não se apavore, nem se desanime, pois o Senhor, o seu Deus, estará com você por onde você andar.”

(Josué 1.9)

# C

Filho;
você é
muito amado
Ass: PAPAI
E
MAMÃE

# Disciplina para permanecer até o fim

> “Dedique à disciplina o seu coração, e os seus ouvidos às palavras que dão conhecimento.”
> (PROVÉRBIOS 23.12)

# Esperança para a volta de Jesus

> “Enquanto aguardamos a bendita esperança: a gloriosa manifestação de nosso grande Deus e Salvador, Jesus Cristo.”
>
> (Tito 2.13)

E

F

# Fortaleza para resistir o mal

“Filhinhos, eu lhes escrevi porque vocês conhecem o Pai. Pais, eu lhes escrevi porque vocês conhecem aquele que é desde o princípio. Jovens, eu lhes escrevi, porque vocês são fortes, e em vocês a Palavra de Deus permanece e vocês venceram o Maligno.”

(1João 2.14)

# Generosidade para compartilhar

“Ordene-lhes que pratiquem o bem, sejam ricos em boas obras, generosos e prontos para repartir.”

(1Timóteo 6.18)

G

# H

# Humildade para saber quem eu sou

“Bem-aventurados os pobres em espírito, pois deles é o Reino dos céus.”

(Mateus 5.3)

ABC

# Integridade para fazer o que é certo

> “A retidão protege o homem íntegro,
> mas a impiedade derruba o pecador.”
>
> (Provérbios 13.6)

I

# Justiça para julgar retamente

“Não julguem apenas pela aparência,
mas façam julgamentos justos.”
(João 7.24)

J

# Lealdade para ser um bom amigo

> “O amigo ama em todos os momentos;
> é um irmão na adversidade.”
>
> (Provérbios 17.17)

# Mansidão para controlar a si mesmo

> “Melhor é o homem paciente do que o guerreiro, mais vale controlar o seu espírito do que conquistar uma cidade.”
>
> (Provérbios 16.32)

# Nobreza para refletir o caráter de Cristo

> Seja a atitude de vocês a mesma de Cristo Jesus.
> (Filipenses 2.5)

O

# Obediência para agradar a Deus

“Se vocês me amam, obedecerão aos meus mandamentos.”

(João 14.15)

P

# Paciência para esperar com alegria

"Mas aqueles que esperam no Senhor renovam as suas forças. Voam bem alto como águias; correm e não ficam exaustos, andam e não se cansam."

(Isaías 40.31)

"LÂMPADA PARA
MEUS PÉS É
A TUA PALAVRA...
Salmo 119
"EU SOU O CAMINHO
A VERDADE E
A VIDA"...

Q

# Quietude para descansar no Senhor

"Descanse somente em Deus, ó minha alma; dele vem a minha esperança. Somente ele é a rocha que me salva; ele é a minha torre alta! Não serei abalado!"

(Salmos 62.5-6)

# Respeito para honrar o meu próximo

> Dediquem-se uns aos outros com amor fraternal. Prefiram dar honra aos outros mais do que a si próprios.
>
> (Romanos 12.10)

# Sabedoria para tomar boas decisões

> “A sabedoria o fará andar nos caminhos dos homens de bem e a manter-se nas veredas dos justos.”
> (Provérbios 2.20)

T

# Temperança para controlar meus desejos

"Porque a graça de Deus se manifestou salvadora a todos os homens. Ela nos ensina a renunciar à impiedade e às paixões mundanas e a viver de maneira sensata, justa e piedosa nesta era presente."

(Tito 2.11-12)

# U

# União para nunca estar sozinho

“Como é bom e agradável quando os irmãos convivem em união!”
(SALMOS 133.1)

V

# Verdade para não ter do que me envergonhar

> “Não há nada escondido que não venha a ser descoberto, ou oculto que não venha a ser conhecido.”
>
> (Lucas 12.2)

# Zelo para viver para a glória de Deus

"Tudo o que fizerem, façam de todo
o coração, como para o Senhor,
e não para os homens, sabendo
que receberão do Senhor a
recompensa da herança. É a Cristo,
o Senhor, que vocês estão servindo."

(Colossenses 3.23-24)

# Z

# Sobre a ilustradora

Luciana Leite é formada em Arquitetura e Urbanismo, mas desde 2017 se dedica ao belo universo da aquarela. Quando seus filhos, Nicole e Michael, nasceram, pausou suas obras e projetos arquitetônicos para se dedicar à maternidade.

Imersa no mundo lúdico das crianças, encontrou inspiração para iniciar sua jornada na aquarela e na ilustração. Desde então, vem contando histórias em forma de cor, emocionando pessoas e realizando sonhos com pinceladas leves e cheias de poesia. A aquarela se tornou sua companheira inseparável e, hoje, Luciana pinta, ensina e encanta mundo afora com sua arte.